76069

はじめに

JR横須賀線の建設は、陸海両軍大臣からの要請により、帝都東京の防衛の要として横須賀鎮守府のある三浦郡横須賀町までの鉄道建設が議題に上がったことに始まる。当初は横須賀鎮守府長官による横浜から東京湾に沿って横須賀に至る馬車鉄道での建設要請であった。しかし途中経由地は急峻な地形で、特に横須賀の周辺は山が海に迫り、陸路は牛馬の通行も困難な状況で、京浜地区へは海路が主な交通手段であった。このため経費を東海道本線建設費から支出することもあって、東海道本線の戸塚～藤沢間に大船駅を設けて分岐し、鎌倉、逗子を経由して三浦半島を縦断、東京湾側の横須賀に至る10マイル3チェーン路線が設定された。本来はさらに延長して観音崎砲台に至る路線であったが、平地の乏しい横須賀中心部を横断する路線設定が困難であったため、横須賀本港にある逸見の海兵団構内に横須賀駅を設け、1889（明治22）年7月1日に東海道本線が全通する半月前の6月16日に単線で開業した。開業当初の列車は大船～横須賀間所要50分、1日4往復であった。その後間もなく新橋までの直通運転、大正時代には複線化、電化が行われ、1930

北鎌倉駅に停車中の横須賀線下り列車。乗降客の服装にはまだ戦争の面影が色濃く感じられる。
1951.11　北鎌倉　P：吉村光夫

（昭和５）年３月15日には電車運転が開始された。
本書では第二次世界大戦後の昭和20年代中期の70系電車の投入から、113系新性能電車に置換えられる昭和40年代前半の範囲での横須賀線をとらえてみようと思う。戦中戦後各線に散らばっていた32系の再集結と関西からやってきた43系がスカ色を装い、占領下のという制約の中でも往年の２扉クロスシート車の姿を取りしつつある横須賀線であったが、増加する旅客に対応する３扉セミクロスシート車の新車70系の投入が始まる。これら３世代の系列が混在したバラエティに富んだ編成による運行が113系までの時期に見られたのも横須賀線の特徴であった。
また電車以外にも電気運転黎明期の個性的な電気機関車に加え、構内や専用線では戦時設計のB20形蒸気機関車、米軍が持ち込んだ8500形（後のDD12形）電気式ディーゼル機関車などが見られる、多様な車種が見られる路線であった。こうした時代を戦後の復興・増強期と113系投入により新たな変革期を迎えた時期を上下巻とに分けて紹介することにする。

1．横須賀線電車略史

横須賀線は関東大震災の翌年、1924（大正13）年12月25日に全線複線となり、東海道本線東京～国府津間と共に計画された電化は翌1925（大正14）年12月15日に完成、電気運転が開始された。当初は電気機関車牽引であったが、横須賀線の電車化は専用の車両も設備も間に合わず、見切り発車的に1930（昭和５）年３月15日に実施された。これには２つの理由が推測でき、ひとつは中央東線新宿～甲府間の電気運転開始にあたり東海道・横須賀線の電気機関車を一部転用して賄う計画であったため、そしてもうひとつは横浜と横須賀や逗子などを結ぶ新規の湘南電気鉄道（現・京浜急行電鉄）の開業が1930（昭和５）年４月１日に迫っていたことがその理由と思われる。

専用車両の製造は1930年度から1931年度に跨ぎ、モハ32形45両、サロ45形13両、サロハ46形13両、クハ47形10両、サハ48形28両、クロ49形２両のいわゆる初代スカ（横須賀）形の２扉クロスシート車32系が111両投入された。前述のように投入を急がれたことにより電動車の車長を20mに延長する設計が間に合わず、モハ32形は従来通りの17m車とされたが、そのほかの車両は国電では初の20m車として登場した。また郵便荷物車は新造されず、在来車のモハ30形のうち最終増備車の５両をモハユニ30形として暫定的に使用したが、1934（昭和９）年度には新たに20m級のモハユニ44形電動郵便荷物合造車５両を新造して置換えた。これらの車両は当時東京周辺に同様の長距離電車路線がない状況もあり、横須賀線専用車両として４～７両編成で整った２扉クロスシート車による運転が行われた。東京横須賀間62.4kmにおいて電車化前の所要時分85分を68分に短縮、運転間隔の１時間を30分間隔、ラッシュ時は15分間隔に増発して、14分間隔の湘南電鉄に対抗した電車運転の特性を生かしたフリークエントサービスを開始した。

戦時中も30分間隔運転を基本としていたが、横須賀海軍工廠などの工員ために沿線に寄宿舎が設けられ横須賀を中心に増発運転が行われ混雑緩和のためすでに座席の半減などが行われていた。1944（昭和19）年４月１日には横須賀～久里浜間８kmが単線で延長され、同時に２等車の連結を廃止している。しかし同年８月には海軍の要請で２等車を復活させている。

1945（昭和20）年５月29日の横浜市街地の空襲により沿線も大きな被害を受け、横須賀線は蒸気機関車牽引で運転再開、２日後の31日から電気機関車牽引に変更とした。一方東京圏の他線区でも車両の荒廃は進み、空襲で被災した地区の車両不足を補うため、横須賀線の可動車両の座席を撤去または半減して転出しそれに充て、一方整備が行き届かなくなり自走できなくなった車両を集めて電気機関車で牽引するという惨めな状況に陥り、EF53形電気機関車に牽引された電車は保土ヶ谷と戸塚間の勾配を喘ぎながら登っていた。列車の最後部にはパンタグラフを上げた車両が連結されていたが、これは登坂を補助するブースターではなく、電車のブレーキシリンダに空気を供給するコンプレッサや室内灯を点灯するための電動発電機を回すためのものであった。この電気機関車牽引は同年11月まで続けられた。

さらに敗戦後は横須賀にあった軍事施設はすべて接収され、多数の連合国軍兵士が進駐してきた。残っていた２等車や状態のいい車両は連合国軍専用として接収、編成に組み込まれて運転されることになった。敗戦国の国民は車両不足による混雑のなか、破損した窓

モハユニ44＋サハ48＋サロハ66＋モハ32で編成された、戦前の横須賀線電車。
1940年　品川―横浜
Ｐ：根本　茂（吉川文夫所蔵）

白帯車時代のクロハ59形。1950年頃　田町電車区　P：吉川文夫

1934(昭和9)年度に20m級で新製された、郵便荷物合造車モハユニ44形。　1950年頃　田町電車区　P：吉川文夫

ガラスの補修も行き届かず板張りで応急処置された薄暗い車内に暖房はなく、座席撤去やクロスシートを板張りのロングシートに改造して整備も清掃も行き届かない車両に押し込められる最悪の状況での運行が続けられた。またあまり語られていないが、南方から浦賀に入港、横須賀から故郷に向けて横須賀線に乗車した外地からの復員兵や引揚者も多かった。ちなみにこれらの同胞を乗せ最初に浦賀港に到着したのは、いま横浜港で保存されている氷川丸であった。

2. 横須賀線の戦後復興

無条件降伏により敗戦を迎えた時、電車運転区間で2等車を連結していたのは横須賀線のみであったが、1946(昭和21)年1月21日第3鉄道輸送司令部からの口頭指令により、電車としては最初の専用車両(白帯車)として横須賀線の2等車のうち整備良好な車両を専用車両とすることになった。当時、電車は都市近郊区間のみの運行で日本人旅客との混乗を避けることが主目的であった。さらに専用車両は不足してサハ48形やクハ55形など3等車も接収されて白帯車となった。電車の専用車両は客車と異なり大幅な改造は行われず主に車両の完全整備と清掃の徹底などあった。また戦時中クロスシート車は座席半減してロングシート化が行われていたが、体格の大きい連合軍兵士には窮屈なクロスシートより好評であった。

1947(昭和22)年10月から連合国軍将兵とその家族の無賃乗車が廃止され2等運賃が適用となり、日本人も2等運賃で乗車が可能となって、車体外板腰板部に直径20インチの黄色い黄球特殊標識(イエローボールと呼ばれた)が描かれた。ただし混雑時は連合軍関係者が優先で、座席を追い立てられることもあった。

横須賀線では白帯車ではない日本人用の本格的な2等車の連結は1949(昭和24)年7月29日からで、東京方から2両目に半室2等車の連結が開始されたが、9月15日には全室2等車に変更された。ただ2等車不足によりサハ57形、サハ48形や17m車のクハ65形、サハ36形、サハ75形が代用2等車として使用されていた。7両編成のうち白帯車と2等車の2両が連結されているため、3等車は通勤時間帯に300%を超える混雑となり、早急なホーム延伸による連結両数の増加が求められた。また東京と横須賀間の運転時分は戦中でも電車運転開始時の68分を維持していたが、1948(昭和23)年には76分まで延びていた。

基本編成は7両編成であったが、連合軍による臨時増結などもありバラバラで、その編成はバラック電車と呼ばれた戦時設計のモハ63形が組み込まれ、電装機器が未整備状態のクモハやさらに運転機器も未装備のサモハなど横行しており、そのほか他線から転入した半鋼製の17m車や20m車が組み込まれていた。見るからに寄せ集めの編成で、戦前の統一された編成で別格扱いの横須賀線の姿は見る影もなかった。こうした一方で1948(昭和23)年の夏季休日には他区からの臨時電車運用が見られ、早くも海水浴がささやかながら復活していたことがうかがえる。横須賀線では戦時輸送の中でロングシート改造などが行われ松戸、東神奈

戦前製の貨物用機関車、EF10形一次車の牽引する横須賀線貨物列車。　1951.11　北鎌倉　P：吉村光夫

川、池袋、品川などへ転出していた32系が疲弊した姿で1945(昭和20)年12月から徐々に戻りはじめ、1949(昭和24)年までに34両が田町電車区に帰還して荒廃した車内整備も始まった。1950(昭和25)年になると7両編成では2等車が久里浜方から2両目となり、白帯車は6両目に連結となった。

一方、デッキ付の客車列車による東海道本線の通勤列車は輸送限界に近づき、1948(昭和23)年11月から大船以遠の平塚まで横須賀線の電車を使用した電車運転が始められている。東海道本線の電車化は電化時に計画されたものの関東大震災により中止となりそのままになっていたが、いよいよ湘南電車80系の登場となる。

3. 連合軍と専用線輸送

敗戦とともに帝国陸海軍に代わり進駐軍(連合国軍)の輸送が開始された。鉄道についてはGHQ下にある第3鉄道輸送司令部の指揮下となった。もちろん横須

両運車モハ42001号が中間に組み込まれた横須賀線電車。次位はクハ58形と思われる。
1951.9　戸塚―大船　P：吉村光夫

32系本来の付随車であるサハ48形のうち、白帯を巻いて代用２等車となったサハ48022号。すでに解除され文字は消されている。 1951.5　東京　P：長谷川 明

賀線では白帯車といった専用車もあったが、列車単位の部隊移動列車のような客車による長編成の臨時列車も頻繁に運転されていた。これらの列車が運転されると定期列車は運休や時刻、行先変更などが行われ日本人の一般旅客の都合などは全く無視したものであった。７月４日のアメリカ記念日には12両編成の長大な専用列車がEF53形やEF56形に牽引され、横須賀から東京方面に向け運転されていた。牽引機は旅客用のEF53形が多かったようであるが、時には客車編成の途中にジープなどの車両を積み込んだチキなど貨車を連結して貨物用のEF10形が牽引した列車も見られた。

横須賀線には多くの軍事専用線が張り巡らされていたが、その多くは連合軍に受け継がれた。大船からは港南台方へ延びた海軍燃料廠はPXに、逗子の池子火薬庫、田浦港の燃料庫、横須賀の海軍工廠や久里浜の軍需部倉庫や港湾に関わる輸送に用いられた。

海軍工廠深沢分工場を結ぶ大船～北鎌倉間から分岐する専用線は未成線であったが、GHQの運輸政策により深沢分工場は1945(昭和20）年12月に接収解除として、大井工機部大船分工場(後の大船工場)に転用、専用線を完成させた。また逗子から接収された池子弾薬庫までの専用線から分岐して、金沢八景の海軍航空技術支廠を結ぶ東京急行(現・京急)逗子線の上り線を転用した専用線は、東急横浜製作所(現・総合車両製

ALLIED FORCES CAR(連合軍専用車)に指定されたサハ57010号。　1951年頃　東京　P：吉川文夫

横須賀駅〜米軍基地内専用線を行くB20形6号。後方に横須賀海軍工廠のシンボルであったガントリークレーンが見える。
1955.2.27　P：堀江光雄

作所）に転換して接収を免れたこともあり、逗子線の複線復帰の後は車両搬出入線として1,435mmに1,067mmを添接した３線区間として現在に至っている。池子弾薬庫は朝鮮、ベトナム戦争までは弾薬貯蔵として講和条約後は米軍の管理下にあった。

物資輸送は1945（昭和20）年９月、進駐直後の第３鉄道輸送司令部は国鉄に対して食料品輸送のため冷蔵車の提供を要求してきた。当時の日本国内産生鮮食料には衛生上の疑念が持たれ、アメリカ本土から各地に現地部隊の要求に応ずることになり、肉、野菜など鮮度を要する物資の輸送のため東京近郊では東横浜が揚陸地に指定され、冷蔵車がもっとも多く常備され貨物輸送の重要な拠点となった。冷蔵車は天井氷槽式の1928（昭和３）年から製造されたレ2900形と、1949（昭

横浜港からの生鮮食料品輸送のため連合軍輸送に使用された、天井氷槽式冷蔵車レ2900形3773号。　1957.5.19　横須賀　P：堀江光雄

米軍の燃料輸送に用いられた田浦駅常備のタサ700形760号。
1955.5.8　田浦　P：堀江光雄

和24）年から製造が始まったレ7000形などが接収対象となった。元来鮮魚輸送が主であった床に簀の子を一面に敷いて食肉輸送を行った。そのほか大物車、有蓋車、水槽車なども接収となった。

ガソリンなどの燃料輸送のためタンク車は私有車が多く、民間のタンク車を省が取り上げて充てられた。米軍専用タンク車は「米タン」と呼ばれ、田浦から茅ヶ崎経由で厚木基地に輸送された。田浦駅から延びる専用線は、横須賀本港と田浦港との間を結ぶ新井掘割水路の対岸にある吾妻島の米軍貯油施設から海底に通した油送管を通して比与宇（ひよう）地区にタンク車への燃料積込設備が設けられた。タキ3000形が製造され米軍の私有貨車として700000番代の番号とともにUNITED STATES ARMYと大書されていた。講和条約発効後も日米安保条約による米軍駐留により継続されたが、ベトナム戦争の激化した1967（昭和42）年8月8日未明に新宿駅構内で発生した炎上事故以後は表記が抹消された。

1950（昭和25）年6月25日、北朝鮮が北緯38度線越え韓国に侵入したことにより勃発した朝鮮戦争は特需景気をもたらし日本の復興に弾みを付けることになったが、占領下にあった日本は有無をいわずに兵站基地化した。開戦直後から久里浜港のサウスドック岸壁に陸揚げされた弾薬など火薬類は久里浜港にあるかつて

米軍用に用意されたタンク車、タキ3000形が田浦駅に並ぶ。車体にはUNITED STATES ARMYの標記とともに700000番代の番号が振られていた。
1957.5.12　田浦　P：堀江光雄

田浦駅から専用線が伸びていた新井掘割水路の米軍ガソリン積込所。タキ3185号ほか。
1956.8.12　P：堀江光雄

の軍需部倉庫から久里浜港専用線を経由して久里浜駅に運ばれ、逗子までEF10形貨物機関車や旅客用機関車であるEF53形でも牽引された。久里浜港専用線や逗子駅から池子の弾薬庫間は非電化であるため米軍の持ち込んだ電気式ディーゼル機関車8500形(後のDD12形)によって搬入された。朝鮮戦争が始まると輸送頻度が高まり、直接最前線基地となる北九州へ向けて直接輸送されることもあった。

米国から持ち込まれた8500形ディーゼル機関車。後に5両が国鉄に払い下げられ、DD12形となる。
1953.4　逗子　P：吉村光夫

米軍の持ち込んだ野戦用ディーゼル機関車8500形(後のDD12)が池子地区からの貨車を牽引する。手前の線路は横須賀線。
1953.9.7　逗子　P：吉村光夫

横須賀色（スカ色）に塗り分けられたモハ32044号。当時のクリーム色は後の新性能車両に比べてやや黄色みの強いものであった。
P：吉川文夫

湘南色と横須賀色の現車での検討に用いられた「色見本電車」ことモハ32028号。
田町電車区　P：吉川文夫所蔵

4. スカ色の誕生

戦後復興の旗手として1950(昭和25)年３月１日、東海道本線の東京～沼津間の電車化が行われ、客車設計を基本とした湘南電車80系が就役した。鮮やかな黄柑色と緑２号の塗り分けは沿線の蜜柑をイメージしたものとされているが、これは後付けで、塗料の耐候性からの色の選定とアメリカ合衆国のグレートノーザン鉄道で運行されていた大陸横断列車エンパイア・ビルダー号の塗装を多分に意識したものであったのが事実のようである。だが実車に塗ったところ黄柑色が赤すぎるということで黄色い方に色相をずらしたそうである。

1949(昭和24)年12月、これに先んじでモハ32028号に試案の塗り分けを正面と側面に施した色見本車として走らせた。並行する横須賀線もとりあえず寄せ集め電車の状況であったが明快化が図られることになり、その中から白砂青松をイメージした窓周りがクリーム色２号、腰板と幕板部は青２号とした、いわゆる「スカ色」が誕生した。

1949年下期から横須賀線車両の整備とともに更新修繕が行われ、1950(昭和25)年早春の一般検査入場車から在来車の塗り替えが始められた。当初は連結妻

大船駅に進入する横須賀線上り東京行き電車。２等車はモハ32形と同系のサハ45形。　1951.9　大船　P：吉村光夫

モハ32020号を先頭にした横須賀線電車。２両目には代用２等車とされたサハ57が連結されている。
1950.10　保土ヶ谷—戸塚　P：柴橋達夫

も塗り分けが行われていた。この塗色は横須賀線車両の転属で電車化された伊東線車両にも用いられ、海辺をイメージしたカラーでありながら山岳線の中央東線も70系の投入により採用された。この塗色は派手さを抑えた上品な色調であったが、昭和30年代後半に塗色の統合が図られクリーム色１号、青15号に変更となり、昭和40年代以降は飯田線をはじめ地方ローカル線などで幅広く用いられた。JRとなってからのステンレス車体に色帯のフィルム貼付けとなりE 217系ではE231系以降の湘南色と同様に色相をずらして彩度を上げたものになり、青とクリーム色とはいえもはやオリジナルのスカ色とはイメージの異なる色となっている。

等級帯色は３等制時代の２等帯は青１号で、当初スカ色に塗り分けた車両には等級帯を省略したものも見受けられた。スカ色塗装の２等帯色ははじめクリーム２号のウインドシルから少し下げて等級帯の間に腰板塗装の青2号の細い線を入れたが、見にくいので等級帯をウインドシル直下として下方にクリーム色に細い線を入れて際立たせた。これは1960(昭和35) 年２等制となり等級帯が淡緑６号に変更となったので取りやめとなった。

代用２等車で残っていたサハ48022号はこの後サロ46形の増備により３等車に戻り、クハ47形に改造されている。
1953.10　田町電車区
P：吉川文夫

関西より転属、ぶどう色で活躍し始めた頃のモハ43022号。　1950.10　久里浜　P：柴橋達夫

5. 関西からの42系転入

1950(昭和25)年、4扉ロングシート車のモハ63形を混雑の激しい中央線に投入、戦前からの3扉セミクロスシート車(モハ51形)を京阪神間輸送に転属させ、関西地区からは2扉クロス車(42系)を横須賀線へ、東西の国電の玉突き入れ替えによる大移動が行われた。こうして横須賀線は戦前からの32系と戦中から戦後にかけて他線区からの転入車や戦時設計のモハ63形に加えて関西からの42系を迎えたことにより、種々雑多の寄せ集めの編成ながら、往年の2扉クロスシート車への復活の兆しが見え始めた。

関西からの転入車は1950(昭和25)年の5月から9月にかけて3次に分けてやってきた。モハ42形は戦災や戦時改造で4扉ロングシート化されずに残存していた7両全車。モハ43形は19両、クハ58形も戦災や戦時改造された以外9両が転属してきた。これらは転入後徐々にスカ色に塗り替えていった。サハ48形は流電52形と43形半流編成の本来のサハ5両の転属であった。1956(昭和31)年になって阪和線から元サロハ66形の2両が加わった。

横須賀線生え抜きのモハ32044号と関西から転属のモハ43形。
1952.3.12　逗子　P：吉村光夫

新設された逗子電留線に勢ぞろいした42系電車。客扉はまだ木製の時代である。
1953.9　逗子　P：吉村光夫

モハ42形は両運転台であったが中間車的な扱いで使用されて、先頭に立つことはあまりなく、翌年からの70系新製投入により早い時期に電車化された伊東線をはじめとして多くが転出している。またクハ58形も翌年のクハ76形の大量投入により１年も満たない短期間で横須賀線から姿を消すことになった(このうち２両は伊東支区に転属)。これはモハ32形とセットにして短編成の地方線区に転出するためであった。クハ58形は1953(昭和28)年６月の改番によってクハ47形に統合され100番代に改番された。

片側運転台のモハ43形は当初はモハ42形と同様に中間車的扱いが多かったが、モハ32形の転出とともに先頭に立つことが多くなった。しかし幌が外され精悍さを失い、おまけに行先表示板の寸法が関西時代と異なっていたのか、斜めにぶら下がっていて醜態をさらしていた。

かつて関西の花形であった流電・半流のサハ48形もアイスキャンデー色といわれた淡い青色の塗り分けや茶色で往年のスターの見る影もない疲弊した状況でやってきたが、横須賀線本来の32系サハ48形とともに中間付随車として活躍を始めた。

これら関西からの車両は鋼製プレスドアへの交換をはじめ、出力増強、更新修繕が行われ屋根や雨樋の改修、通風装置がガーランド型からグローブ形に変更などが実施されたが、70系の増備により昭和30年代初期までにモハ43形６両、モハ53形７両、サハ48形７両が地方線区に転出して減少(伊東支区は除く)した。

行先方向板のサイズが合わず斜めになっている横須賀線上り列車。
1950年頃　北鎌倉—大船　P：吉川文夫所蔵

横須賀色の車両に交じってぶどう色のまま活躍を始めたモハ43形。
1951年頃　品川　P：吉川文夫

一次(狭窓)流電の付随車(3等車)として使用されていたサハ48029号。屋根肩のベンチレーターが印象的。　1955.5.8　逗子　P：堀江光雄

二次流電の付随車(3等車)として使用されていたサハ48031号。鋼製扉に交換されているが、雨樋は設けられていない。
1953.4.28　逗子　P：吉村光夫

三次車(半流型)の付随車(3等車)として使用されていたサハ48032号。鋼製扉に交換されている。　1954.5　東京　P：長谷川 明

二次流電の付随車（2・3等合造車）として使用されていたサハ48035号。グローブ型ベンチレーターに交換されているが、屋根は張り上げのままである。
1960年　東京　P：友田雅之

両運転台のモハ42形は早い時期に地方に転出していった。
1953.3　田町電車区
P：吉川文夫

クハ58016号は1953年の改番でクハ47116号となり地方へ転出された。　1953.10　田町電車区　P：吉川文夫

初期の70系は前面窓が木製窓枠支持で
新製された。クハ76030号(東チタ)。
1953.9.18　田町電車区　P：吉川文夫

汽車会社東京支店にて製造中のクハ76003号。
1951.2.11　P：長谷川 明

同様に汽車会社東京支店にて製造中のモハ70005号。窓回りのクリーム色が妻板まで回り込んでいるのがわかる。
1951.2.11　汽車会社東京支店　P：長谷川 明

6. 70系の登場

1949(昭和24)年２月の初期計画図面で現れるのが、制御電動車のモハ70形、中間電動車のモハ71形、中間付随車のサハ76形で、いずれもモハ63形を範とした切妻形の３段窓を有する３等ロングシート車で、通風器はガーランド型３列とし中長距離運転を考慮した３扉車であった。

その後、東海道本線東京口のいわゆる湘南列車の電車化による湘南電車80系が先行して製作、運用を開始した。湘南電車は一次車の３枚窓戦前形半流形の先頭形状を改めた折衷形を経て鼻筋が通り、腰板より上部に傾斜をもたせた４平面構成の２枚窓とした二次車の「湘南顔」が登場する。この先頭形状は瞬く間に当時の鉄道車両デザインに新風を巻き込み、気動車をはじめ私鉄各社までに亜流の湘南顔が派生することになった。横須賀線の状況もモハ63形を組み込んだ寄せ集めの編成から、戦前の32系の復帰をはじめ、並走する東海道本線のオレンジ色と緑色の新車80系との見劣り解消もあって青とクリーム色の明快な塗り分け塗装が始まり、関西圏から２扉クロスシート車の42系を迎え往年の姿に戻りつつあったところにいよいよ新形車両の投入となった。

1950(昭和25)年６月の計画では３扉セミクロスシートに改められ、３等中間電動車モハ70形、３等制御車クハ76形、２等付随車サロ46形となった。ただクハ76形の計画図面では、すでに80系クハ86形二次車の正面形状である湘南形が確立されていたが、あえて異なる形態を模索したのか、小田急電鉄1700形2次車の中央に鼻筋を通したような傾斜のない先頭形状が描かれていた。

広々としたクハ76形の運転室。
1953.10　横須賀線走行中　P：吉村光夫

広過ぎるのではないかと物議を醸したクハ76形一次車の大型の便所(クハ76002)。
1951.2　P：吉川文夫

70系一次車の３等中間電動車、モハ70020号。
1955.8.16　田町電車区
P：柴橋達夫

70系は80系に続く戦後新設計の電車であるが、80系が長距離電車（当時は中距離電車としてあくまで長距離は客車列車が基本という考えがあった）として客車設計を取り入れ、他形式車との混用を考えに入れず、編成単位の発注、運用管理が行われたのに対して、70系は在来車両との混用を前提に設計されたため、各メーカーにはA編成Tc-M-Ts-Ts-M-Tcの６両が４本24両、B編成Tc-M-M-Tcの４両が８本32両、C編成Tc-M-Tcの３両が３本９両の仮編成として発注されたが、実際使用に当たってはバラバラにされて在来車両との混成編成にされた。

構造上も80系が台枠にモノコック構造を取り入れたのに対して70系は従来通りの中梁を通した溝型鋼台枠構造となっていた。ブレーキ方式は従来の元空気溜管式自動ブレーキのAEブレーキに1939（昭和14）年から試作が進められていた電磁弛め弁と自動隙間調整器を併用して応答性を高めたAREブレーキを80系に次いで使用した。ただし各車にブレーキシリンダを２基ずつ備えた80系と異なり、自動隙間装置を一体化したブレーキシリンダを使用して各車１基としている。

制御装置は直並列、弱め界磁制御で弱め界磁は60％、1949（昭和24）年度製モハ80形一次車では従来のCS5に弱め界磁起動と減流遮断の改良を加えた電磁空気カム軸接触器式のCS5Aを使用したが、モハ70形では国電では初の電動カム軸接触式のCS10を使用した（80系も1951（昭和26）年度から電動カム軸式に変更した）。台車は80系と同様に電動車はDT16、付随車はクハ76がTR45、サロ46はTR45Aを使用、主電動機は42系の出力100kWに較べ２割強の142kWあるMT40Aで、歯車比は25:64と80系と同様であった。

室内は側引戸周りをロングシートとし、各扉間と車端部にボックスシート（クハ76形の便所前はロングシート）を設けた３扉セミクロスシートとして、いわゆる戦前のモハ51形からの形態を受け継いでいる。

先の湘南形がモハ80形、クハ86形、サロ85形、サハ87形、モユニ81形と80番代に揃えた形式を名乗ったのに対して、70番代の形式が既存の車両によって満杯状態で、サロは元祖横須賀形の32系サロハ46形が便所を設置して66形に改番したことで空いていた46を頂戴してモハ70形、クハ76形、サロ46形になった。

戦前のモハ51形の流れをくむ３等電動車モハ70形が横須賀線と関西地区に、３等制御車クハ76形の３扉セミクロスシート車と、２等付随車サロ46形が横須賀線に投入されることになった。1950（昭和25）年度車として1次車は70形が27両、76形が30両、46形が10両の総数67両が1951（昭和26）年２月から順次落成して新年度使用開始として試運転が始められた。

初年度は前年に関西地区から電動車モハ42、43形の26両が転入したこともあってモハ70形の横須賀線

一次（昭和25年度）車の連結妻側の車端部（クハ76019号）。奇数車の３位側は側窓（曇りガラスの窓）２枚分の大型便所を設置、側板と妻板の接合部がR80の曲面で構成されているのがこの年度の特徴。
1953.10　田町電車区　P：吉川文夫

70系一次車の２等付随車、サロ46006号。大きな二段窓が印象的。　1953.9.20　田町電車区　P：吉村光夫

への割り当ては２等付随車サロ46形と同様の10両で、制御車クハ76形の30両に較べ大変少なかった。これにより横須賀線の列車の多くはクハ76形が先頭車両となった。なおこの時代東鉄と大鉄ではジャンパ栓の違いがあり、大鉄車は100番代として付番していた。また京阪神緩行線に配属されたモハ70形は在来車と合わせてぶどう色２号の１色塗りであった。

東海道本線の電車列車化に集中的に投入されたクハ86形二次車のデザインが湘南色とともに鉄道界に新風を巻き込み、同一線路を共有して東京まで走る横須賀線との格差は目に見えるものとなった。これに湘南色に対してスカ色という塗り分けを行い、さらに新車70系の投入を行い、とりあえず両端を最新の湘南スタイルのクハ76形として関東の名門の対面を整えたが、なおも編成中間は3扉と2扉車が混在した在来車両で埋める寄せ集めぶりは否めないものであった。

マスコミも先の湘南形が前評判をあおった挙句、いざ運転開始後に故障続きで出鼻を挫かれたのに懲りたのか、あるいは中間車両に寄せ集め感を拭えない編成を見抜いたのか、モハ70形新型車両の登場にあまり反応しなかったが、湘南形二次車と同様の「鼻筋の通った」２枚窓半流線形の形状であるクハ76形の投入は横須賀線に新風を吹き込んだ。

クハ76形の大量投入でモハ43形とともにやってきたクハ58形は、輸送力の小さい捻出対象の17m車モハ32形と組んで戦時中の買収によって国電となった飯田線や身延線の社形車両の駆逐と短編成の需要に応え、地方ローカル線へ転出となった。これらの地域から静岡形と呼ばれることになり、一部は東海道本線の静岡周辺のローカル運転も行われた。

なお新製配置間もない同年６月、久里浜駅で停車中の上り列車で電動車の主回路接触器の短絡により架線溶断が発生、垂下した架線が屋根に接触して発火、クハ76013号が焼損したがこれは復旧された。

サロ46形の10両によりこれまでのサロ48形5両とサロ57形5両の代用サロはそれぞれ3等車に復帰した。

東鉄向けのスカ色70系と大鉄向けの100番代のモハ70形が連結されている。大鉄向けはぶどう色２号１色で配属区の標記が「大」のみとなっており、日本車輌支店の新車回送と思われる。
1951.2　田町電車区
P：吉川文夫

夕刻の新設された東京駅13番線ホームに停車中の横須賀線電車（クハ76030号ほか）。
1954.10.20　東京　P：柴橋達夫

14
3
入口

二次増備車のクハ76041号。更新工事が行われず晩年まで木製窓枠が残り、原形をとどめていた車両が多かった。
1952.3.12　逗子　P：吉村光夫

7. 70系の増備

1951(昭和26)年度の二次車はモハ70形が32両、クハ76形が14両の46両すべてが横須賀線用として田町電車区に配置となった。これにより17m級の初代スカ形の電動車モハ32形が完全に駆逐され、地方線区に去って行った代わりに電動車のモハ70形が大量に増強された。クハ76形の増備内容は奇数車が11両、偶数車が3両で38〜50号の偶数番号はその後の増備で埋められることがなく欠番となった。

モハ70形では台枠がUF132Aに変更、側板と妻板との接合部はモハ63形と同様の突合せ方式を採用して工作の簡略化が図られ、一次車のような面取りで仕上げられていた曲面がなくなった。屋上の避雷器が車端寄りから集電装置より中央寄りに移動している。クハ76形の大きな便所は小型に、便所前の座席は、着席者と利用者が目を合わせないようにモハ70形の車端

二次増備車のモハ70044号。車端部隅柱が突合せ方式となり、出入口の室内灯が中央灯から２灯へ変更になっている。
1953.8.21　逗子　P：長谷川 明

部と同様のボックスシートに変更された。

1952(昭和27)年はモハ70形電動車6両とクハ76形11両が新造されたが、中央線高尾以遠の列車を電車化とするためクハ76形はすべて中央線用に三鷹区に配属となり、田町電車区にはモハ70形6両のみ配属となり、さらにクハ76形5両が三鷹区に転属して減となった。クハ76形の正面窓の支持に溝(H)ゴムが使用され、台車がモハ70形はDT17、クハ76形はTR48に変更となった。連結妻の貫通路上部の通風装置が廃止され、集電装置取り付け方の1・2位側の連結妻は1位側の配電盤の大型化と2位側の屋上点検用梯子の設置により妻窓は廃止となった。

1950(昭和25)年4月に発生した京浜東北線桜木町での火災事故を受け、車両の不燃化対策として集電装置の絶縁強化のため低屋根構造とした全金属製試作車を木造鋼体化名義でモハ70形タイプのモハ71形を中央線用として1両製作した。引き続き4両の低屋根構造の半鋼製のモハ70形タイプが木造鋼体化として製作されモハ70801～70804号とされたが、1953(昭和28)年の改番で新たにモハ71形に改められ71002～71005号となり、前述の全金属試作車として製作していた1両はモハ71001号として落成している。これらと田町電車区からの転属車によって中央線新宿(東京)～甲府間のいわゆる山用電車として活躍を始めた。モハ71形は低屋根構造のほかギヤ比をモハ73形と同様に変更した仕様となっている。

70系の投入により横須賀線ではモハ41形が姿を消し、大量にあったサハ57形も僅かとなって、2扉と3扉の混在ではあるものの往年のクロスシート主体としたスカ線が復活しつつあった。

1953(昭和28)年6月1日付で事業車両に残すのみまで淘汰が進んだ木造車両は雑型車両として1000～9999に、半鋼製17m車は10000～19999に番号を押し込め整理されることで20m半鋼製の車両形式番号の範囲が広げられ、横須賀線ではモハ32形はモハ14形に、サロ37形はサロ15形に、モニ53形はモニ13形などへの改番が行われた。

モハ43形はモハ70形の142kW(MT40A)との格差を狭める目的で田町区所属の19両のうち7両(このほか鳳区の2両も施工)について主電動機を従来の100kW(MT15)から125kW(MT30)に換装した。この改造は1953(昭和28)年の改番時期に重なったため、モハ43形800番代で落成した車とモハ53形として落成した車がある。

1953(昭和28)年はサロ46形のみ6両が製造され、側引戸の窓ガラスがHゴム支持となった。サロ46形は台車がTR48Aに変更となり、在来車のサロ45形はサロ46形並の座席に更新された。一方、元32系のサハ48形は制御車への改造が行われ、クハ47形50番代に改造されて地方線区への転出が続いた。

1954(昭和29)年度の増備はモハ70形4両、クハ76形奇数車2両の6両で全車明石電車区配置となって横須賀線への配属はなかった。クハ76形の京阪神緩行線への配属は最初で、ぶどう色2号1色塗りのいわゆる「茶坊主」が出現した。電動台車はDT20形に変更された。

出力を増強したモハ43018号はモハ43802号を経てモハ53002号となった。1953年改番時の新旧形式番号並記期間。
1953.4　田町電車区　P：吉川文夫

1953(昭和28) 年度製のサロ46016号。台車がTR48Aに変更され、便洗面所部分の屋上通風器がなくなったことで全体でひとつ少なくなった。
1953.10　田町電車区　P：長谷川 明

1955(昭和30) 年6月から約1年間モハ43形の更新工事の施工期間、モハ40形を中間電動車化したモハ30形のうち東神奈川から30000と30001号、津田沼から30004号の3両をスカ色に塗装して転入させた。ドア間の窓数など違いはあるとはいえ一見モハ70形に見えるが、室内はすべてロングシートであった。

1955(昭和30) 年度は第一次としてモハ70形が9両、クハ76形が奇数車2両、偶数車が2両の4両、サロ46形が2両の15両製造された。このうちモハ70形の3両が明石電車区に配置されたのを除き12両は田町電車区に配置された。モハ70形は屋根と床が鋼板製となったが、台車はなぜかDT17形に戻っている。サロ46形はこの増備が最終となった。

引続き1955(昭和30) 年度第三次としてモハ70形13両、クハ76形が奇数車5両、偶数車5両の23両が製造されたが宮原、明石、鳳電車区の関西地区に配属された。モハ70形の台車は再びDT20形に変更された。

1956(昭和31) 年度はモハ70形23両、クハ76形は奇数車6両、偶数車5両の30両が製造され、田町電車区にはモハ70形が9両、クハ76形は奇数車1両の10両が配属となった。クハ76形も鋼板屋根に変更され、モハ70形の台車はDT20Aとなった。

1957(昭和32) 年度は債務車両としてモハ70形は12両、クハ76形は奇数車が4両、偶数車が4両の20両が製造され田町電車区にはモハ70形が5両、クハ76形が奇数車1両、偶数車1両の7両が配属となった。

引続き同年の本予算でモハ70形が20両、クハ76形は奇数、偶数車共通設計に変更した16両の計36両が

DT17に代わり動力台車に採用されたDT20形台車(モハ70062号)。
1960.9.11　品川　P：長谷川興政

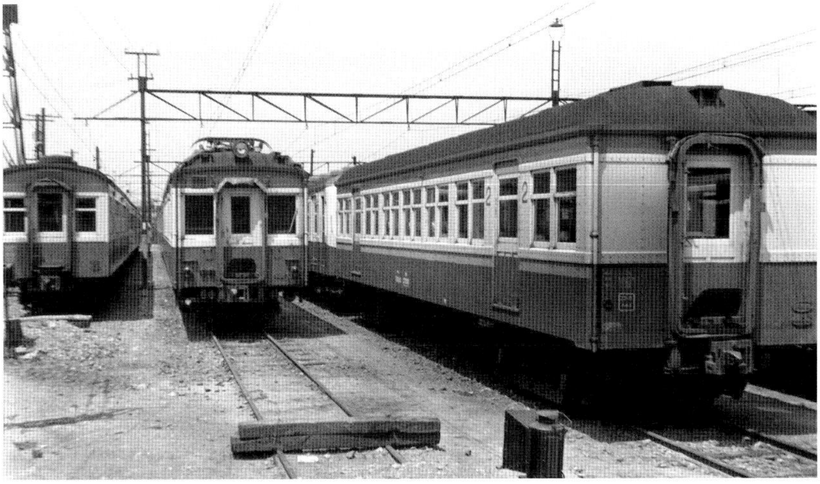

左はモハ70形、中央はモハ43形、右は17mサロ37→15形。横須賀線の様々な形式の車両が見られた。
1953.4　田町電車区
P：吉川文夫

製造され、いずれも300番代を名乗ることになり、これが70系の最終増備となった。田町電車区にはモハ70形11両、クハ76形7両の18両が配属となり、ほかの車は鳳電車区の配属となった。車体はノーシル・ノーヘッダーの平滑な全金属製としてアルミサッシの窓枠、座席枠の金属化や、内装がハードボードとして近代化と不燃化対策が図られ、直流点灯の20w蛍光灯照明に変わったが、台枠は従来通りの構造であり車両の軽量化までは至っていない。クハ76形は偶数車も含め全車奇数車設計とした共通設計に変更、両方向に使用できるよう栓受を設けている。

横須賀線は70系を新製配置として投入が行われ、後に他線区からの転入を迎えたが、なおも在来車や他形式車との混成がみられ、最終的に70系電車による統一は成しえなかった。そのうちに113系への置換えが始まり、JRにわたる長期113系時代が続くが、ここでもサロは準急形のサロ153形や特急形のサロ181・183・481形などからの改造車の転入がみられ、末期には211系タイプのステンレス二階建て車両(新製)のグリーン車も組み込まれるなど純粋な1系列による統一はなしえず、E217系による置換えによってようやく形式統一が達成された。

70系は戦前の省形電車タイプを継承しており、切妻屋根の曲面や車高などの若干の違いは見られるものの二段窓の天地寸法などは変更なく、スカ色の塗り分け線も揃い他形式を組み込んでもそれなりに編成美は保たれていた。ただ1等車不足に対しサロ46(→75)形を増備せず、東海道本線で153系の増備により地方

一時的に横須賀線に転入したモハ30形(モハ40形の中間車化改造車)。一見モハ70形に似ているが車内はロングシート。
1955.7.17　逗子　P：堀江光雄

クハ76形300番代(303号)。70系最終増備の昭和32年本予算で製造された。同年代の80系と同様全金属車となり300番代を名乗る。１回きりの製造で、ノーシル・ノーヘッダーの外観や通気を改善するため乗務員室扉と側扉の間に窓が設けられたのが特徴。
1959.3　田町電車区　P：吉川文夫

線区に転用されるため余剰となる、客車設計の一段窓で天地寸法も異なる80系のサロ85形を組み込んだ編成は異物感が明らかであった。

1957(昭和32) 年５月14日17時20分頃東逗子～逗子間で上り久里浜発東京行1628S列車７両編成が池子踏切に差し掛かったところ、遮断機を突破して踏切内に進入してきた米軍車両と先頭車クハ76005号が衝突、そのまま事故車両を引きずって次位のモハ70形とともに脱線、架線柱をなぎ倒して水田の中に突っ込み、重軽症者十数名を出す事故が発生した。クハ76005号は前面をはじめ大破したが、水田から回収され大井工場に収容、翌年全金属車とほぼ同様の車体を新製してクハ76351号として復旧した。

クハ76形300番代と同様、全金属車体となったモハ70形300番代(306号)。側窓は上・下段が同寸法となり、上部からも通風できるようになった。
1960.9.11　品川　P：長谷川興政

1950(昭和25)年度車のクハ76005号は、1957年5月に踏切事故に遭遇、後に復旧しクハ76351号となった。
1956.4.8　東京　P：柴橋達夫

線路際の水田に置かれた、米軍車両との衝突により損傷したクハ76005号。　1957.5.19　逗子　P：堀江光雄

事故復旧にあたり全金属製車体に載せ替えられたクハ76005→76351号。写真は中央東線に転属後の姿。　1973.8.9　高尾　P：菊地康友

逗子電留線で待機する70系。正面の塗り分け線にバラつきがあることがわかる。　1955.11.27　逗子　P：堀江光雄

8. 輸送力増強

1951（昭和26）年70系の投入が始まり、同年12月には翌年の講和条約発効を前にして白帯車が廃止、2等車に改められ、1952（昭和27）年にはTc-M-Ts-Ts-M-M-Tcの7両編成を基本とした。もちろん70系に車両は統一されていないので、Mc車やT車のMT比を考慮して組み込んだ組成が多く見られた。これに4両ないしは3両の増結が行われ、これに前後して逗子の電留線設備が完成したことによって1951（昭和26）年3月同駅で分割併合が可能となり、ラッシュ時に東京方に増結が行われ11両編成運転が開始された。ただ増結車両は3両編成もあったため10両編成も存在していた。これらの増結車は下り方にある電留線から出庫して上り電車の間合いに東京方の側線に移動、到着した上り電車の東京方の連結する手法が取られた。

電車化以来、川崎は無停車で品川～横浜間はモハ

先頭はクハ76形だが中間車は寄せ集めの編成ということがわかる。70系が走り始めた頃の逗子を発車した横須賀線下り電車で、まだ電留線は未整備で戦後の食糧難時代からの畑となっていた。
1951.9　逗子—田浦　P：吉村光夫

２等車が１両連結の７両編成横須賀線上り電車。
1957.2.12
川崎—品川（川崎—蒲田）
P：柴橋達夫

32形の豪快な走りっぷりが語り草になっていたが、戦後の混雑対策として1950（昭和25）年10月から日中の５往復について川崎停車を実施したが、川崎駅の混雑緩和のためホーム拡張工事に着手、工事期間中は一時的に通過扱いとしたが翌年４月に完成、再び５往復が停車することになった。

また９月には東京駅の７・８番ホームが完成し、横須賀線は13番線、東海道本線は12番線着発となった。正月の初詣輸送には増結を５両とし全12両編成とした臨時電車も運転されている。

1952（昭和27）年４月１日には地域住民の要請で、逗子～田浦間に東逗子駅が生まれた。

そうしたなか横須賀線車両の運用本数の少ない休日には、２等車を抜いた編成で高崎線上野発熊谷行き臨時電車の運転が始まり、1954（昭和29）年11月の休日には清水トンネルを越えた上越線石打までの２等車連結の臨時列車の運転が始められた。この場合２等車を１両に減じ、その代わりに３等電動車を１両連結して登坂に備えた。その後高崎第二機関区に80系の投入が始まり高崎線や上越線の電車化の礎となった。

鉄道80周年を記念して、田町電車区所属の70系にヘッドマークが掲出された。　1952.10　新橋　P：吉村光夫

東海道本線の臨時列車などに横須賀線車両が使用されることもあり、湘南色に塗り分けられた標示板を掲げて誤乗を防いでいた。
1958.11.1　東京　P：小川峯生

一方、平日朝ラッシュ時の上り逗子の増結列車について、鎌倉から乗車の乗客が座れないとの苦情があるため、1954(昭和29)年の正月明けから逗子で増結する列車の１本を鎌倉まで増結車両を空車回送扱いとして対応したが、４月からは鎌倉での増結に変更した。

また戦時下の困難な状況で延長された久里浜は、戦後軍関係の施設がなくなり人口が急激に減少したことにより乗客数の輸送量適正化が図られ、1955(昭和30)年６月から横須賀～久里浜間は日中30分間隔運転に変更した。

1956(昭和31)年11月の東海道本線全線電化完成によるダイヤ改正で朝のラッシュ時の運転間隔を15分から10分に短縮、翌年10月には３両と４両とばらつきのあった付属編成を５両編成に統一した。

終戦直後の混雑や車両の整備不良などで運転時分が延びてしまったが、その後、復興により経済活動が活発となり輸送需要の増加は著しく東海道本線の客貨列車は増加、急行、特急列車の増発により横須賀線列車は途中でこれらの列車の待避も行う機会が増え、運転時分を詰めることが困難な状況が続いた。

モハ43形やモハ53形はなるべく増結や付属編成に用いられ、中間に組み込まれるように組成された。
1954.8.3　保土ヶ谷―戸塚　P：長谷川 明

新橋を発車した、サロ46形を2輌連結した7輌編成横須賀線下り電車。この翌年に開通した東京高速道路(首都高速道路ではない)が右に見える。その後国鉄線との間に東海道新幹線の建設工事が始まることになる。
1958.9.3　新橋—品川　P：小川峯生

２等車を２両連結した７両編成の横須賀線下り電車久里浜行。左からクハ76＋モハ70＋モハ70＋サロ46＋サロ45＋モハ70＋クハ76。
1959.1.25　衣笠―久里浜　P：堀江光雄

現在の東戸塚付近を行く横須賀線上り電車。後部(手前)からクハ76＋モハ70＋サロ45＋サロ46＋モハ70＋モハ70＋クハ76＋モハ53＋サハ48＋モハ53＋クハ76。
1955.1.2　戸塚―保土ヶ谷　P：堀江光雄

横須賀線から大船方向へ向かう荷物電車クモニ13形。　1963.5.26　北鎌倉—大船　P：吉川文夫

9. 荷物電車

電車化以降、郵便荷物輸送には基本編成の下り先頭車として17m級のモハ30形の客室を仕切って合造車としたモハユニ30形を連結していたが、1934(昭和９)年に20m級のモハユニ44形を新製、戦中には難産の上一部未電装のまま落成したモハユニ61形が増備されていた。

戦後は軍事関連の輸送がなくなったこともあり横須賀線の郵便荷物輸送は激減して、郵便輸送は合理化のため1946(昭和21)年に自動車に切り換えられた。鉄道は小荷物、新聞などの荷物輸送のみとなり、それまでの３等郵便荷物合造車の連結を止め、1948(昭和23) ～49年にかけて落成した17m級のモハ34形を荷物電車に改造したモニ53形に置換えられ、基本編成の下り方先頭にモニ53形を１両または２両連結または単独による運行に切り替えた。しかしモハ63形など旅客車両による代用荷電や東海道本線で走り始めた80系のモユニ81形も横須賀線に単独運行で頻繁に姿を見せていた。

モニ53形は田町電車区の53002号と53005号が横須賀線用とされ1953(昭和28) 年６月の形式称号変更でモニ13形に改められ、後に1960(昭和35) 年品川電車区のクモニ13007号と13011号と交換され、時には大船電車区配置で職員輸送にも用いられていたクモハ40形が使用されることもあった。

旅客車両の113系化が進むとクモニ13形は連結運転ができないことと老朽化が進んだため、1966(昭和41)年にモハ72形の72075・72274号から大井工場で改造されたクモニ83804号と83805号が配置となり、単独運行に変わり単行または２両運転となった。

横須賀線の荷物輸送にも用いられていたモユニ81形。　1953.4.14　久里浜　P：吉村光夫

深沢にある大船工場へ向けて出発した職員輸送列車モニ3414号＋クヤ9000号。　1959.1.19　P：福井紘一

10. 大船工場の職員輸送列車

元横須賀海軍工廠深沢分工場は1945(昭和20)年12月接収解除により運輸省大井工機部放置電車部品工場となり1947(昭和22)年8月より電車修繕を開始したが、1950(昭和25)年4月1日から電車修繕を大井工機部に集約にしたことにより客車修繕工場となり独立して大船工場と改称した。したがって沿線にありながら電車修繕を再開する1958(昭和33)年まで横須賀線の車両は大井工場で検査修繕を行っていた。

工場は旅客駅から離れていたので職員の出退勤のため職員列車が運行されていたが、大船工場への専用線は北鎌倉方から分岐していることもあり、大船駅からではなく京浜急行のバス専用道(現在は湘南モノレール)と交差する場所に乗降場が設けられた。

1959(昭和34)年、これまで職員列車に使用されていた木造車モニ3414号とクヤ9000号の2両編成が17m半鋼製車のモハ11424号とクハ16535号の2両編成に置換えられた。

その後大船工場は分割民営化により東日本旅客鉄道に引き継がれ、2000(平成12)年7月に大船電車区検修部門と統合となり鎌倉総合車両所となり、2002(平成14)年には鎌倉車両センターに改称された後、旧工場部門は2005(平成17)年度いっぱいで廃止となり電車区部門のみが残された。

モハ11424号＋クハ16535号による大船工場職員輸送列車。木造車から17m級鋼体化車両に置き換えられた。　1959.6.17　P：福井紘一

専用の乗り場が設けられた大船工場への職員輸送列車。霜の降りた寒い朝の乗り場に木造車クヤ9000号(東シナ)が停車中。

1959.1.19　P：福井紘一

80系前頭部試案塗装車A案のクハ86002号と並ぶ横須賀線モハ43形。　1953.10　田町電車区　P：吉川文夫

11. 横須賀線の車両基地

(1) 田町電車区

横須賀線の電車化ため東京機関区品川分庫跡に開設されたのが田町電車庫であった。品川地区は鉄道創業時から多くの施設が集まっており、その移転や名称変更などが繰り返し行われたのでその経緯は複雑である。1936(昭和11)年９月に職制改正により電車庫から電車区に改称、品川～東京間の増線計画(京浜急行線と呼ばれたが戦時中に中止された)もあり新鶴見操車場の新設により空いた品川操車場の跡地を東京機関区と田町電車区とするため、1940(昭和15)年11月に移転した。1950(昭和25)年３月、東海道本線の東京～沼津間の電車化のため80系電車の配置が始まり、電車運転区間の拡大と増発により次第に配置車両は増加して軒を貸して母屋を取られるではないが、やがて東海道本線の車両基地へと変貌していった。既に80系が登場した1950(昭和25)年年末に80系は174両の配属となり、在来の横須賀線用車両は144両と早くも逆転していた。こうして翌年早春には70系の登場となる。

田町電車区伊東支区に配属された伊東線用のモハ43022号。
1959.4.12　田町電車区伊東支区　P：吉川文夫

その後、東海道本線の全線電化と長距離列車の電車化の進展により、初の電車特急「こだま」の20(151)系を始め東海形の91(153)系、修学旅行電車82(155)系や日光線準急であるものの23(157)系も所属となっており、隣接する東京客車区には固定編成客車の20系、東京機関区には青大将塗装のEF58形電気機関車も見られ、東海道本線上下線の間に当時国鉄を代表する花形車両が一堂に見られる区間であった。こうした車両増加もあり1960(昭和35)年４月20日付けで横須賀線車両は新たに開設された大船電車区に移籍となった。

1938(昭和13)年12月５日の伊東線熱海～伊東間開通により開設された沼津機関区伊東支区の電車化に際し、田町電車区所属の横須賀線用車両のうちモハ32形４両、モハユニ44形２両、クハ47形２両の９両を転出、1950(昭和25)年５月田町電車区伊東支区として４両編成で運転を開始した。伊東線の電車化は80系による東海道本線東京直通列車の電車化と、東海道本線の電化西進のともなう電気機関車の捻出を目的としたものであった。

当時配属されたばかりの日光型157系や木造救援車クモニ3413(→クモエ4300号)と並んだ70系電車。 1959.3 田町電車区 P：友田雅之

(2) 久里浜機関支区

平作川の河口に新田開発で出来上がった三浦半島では珍しい広大な平地の久里浜は、戦時色が濃くなる頃から軍事施設が次々と建設され一大軍事基地となっていった。このためすでに資材の確保など困難となっていた状況で横須賀線と、当時東京急行電鉄となっていた湘南電鉄のそれぞれで久里浜への延長が行われた。

久里浜まで延長開業した1944(昭和19)年以降久里浜には国府津機関区の支区として久里浜機関支区が設けられ、横須賀線内の貨物小運転列車の牽引や構内入替などの機関車が配属となった。敗戦後は軍事物資の集散がなくなった久里浜の貨物ヤードには戦災車両の留置が行われていた。

戦後の横須賀線には大正末期の東海道、横須賀線電化の立役者であった輸入機関車の残党が活躍していた。米軍関係施設への貨物輸送を担うため後に国鉄が譲り受けDD12形となった米軍持ち込みのディーゼル機関車8500形やDD11形などが逗子、田浦、横須賀などの構内や専用線で働いていた。東海道本線からの貨物列車は国府津機関区などのEF10形やEF13形などで牽引されていた。

久里浜機関支区の機関庫内に佇むED17形24号と26号。 1960.4.29 久里浜機関支区 P：友田雅之

国産のBタンク機関車B20形５号とED10形１号。　1959.4　久里浜機関支区　P：吉川文夫

12. 久里浜機関支区の機関車

（1）蒸気機関車

国府津機関区横須賀機関支区（1955年横須賀駐泊所となる）に1944（昭和19）年郡山工場で５両と1946（昭和21）年に立山重工業で10両が製造された戦時型入換機のB20形が最大時６両活躍していた。横須賀、逗子、田浦、久里浜構内などの入換や専用線の小運転にはC12形も使用された。

蒸気機関車はディーゼル機関車の入線により次第に置換えられ、1950年代後半には休車となり久里浜機関支区に留置されその後廃車となった。

B20形8号のサイドビュー。　1959.4　久里浜機関支区　P：吉川文夫

C12形9号。ナンバープレートがサイドタンクではなくキャブに付く珍しい形態。すでにメインロッドが外され休車状態にある。

1959.4.26　久里浜機関支区　P：堀江光雄

久里浜にて入換活躍中のC12形275号。　1955.8.23　久里浜　P：堀江光雄

横須賀駅に停車中のED10形1号。　1955.8.23　横須賀　P：堀江光雄

(2) 電気機関車

戦後間もない1947(昭和22)年10月当時、国府津機関区久里浜支区にはED10形、ED12形、ED16形、ED23形の6両が配属しており、東海道本線からの直通貨物列車には国府津機関区などのEF10形やEF13形が使用さていた。

●ED10形

1000形として東海道本線の東京～国府津間及び横須賀線の電化用として1000kW級の電気機関車として米国ボールドウイン・ウエスチングハウス製で2両(1001・1002号)が製造され1922(大正11)年11月横浜港に陸揚げされた。その後組立整備が行われ翌年1月東京鉄道管理局に配属され、2月に中野電車庫に回送され試運転が行われた。

当初は東海道本線の貨物列車で使用されたが、その後横須賀線で使用された。1928(昭和3)年ED10(1・2号)に改められ、その後オリジナルの大きいパンタグラフ1基から省形2基に改められた。ED10 1は1959(昭和34)年7月廃車となり解体された。僚機のED10 2も1960(昭和35)年5月に廃車となったが、西武鉄道に売却され同社のE71号となり、その後保存されて横瀬駅構内に保管されている。

●ED12形

1020形としてスイスのブラウンボベリ・シュリーレン社製でヨーロッパの風貌を持つ機関車であった。ブラウンボベリからは他にアプト式機関車の10040形(ED41形)と、ついに使いこなすことができなかった

横須賀線内の貨物小運転や入換などに活躍したED10形1号。
1959.4.26　久里浜機関支区
P：堀江光雄

ED17形24号とDD11形2号。ED17形24号と26号は側面の形態が左右で大きく異なる。
1960.4.29　久里浜機関支区
P：友田雅之

精密な構造のブフリ式駆動装置を備えた7000形(ED54形)が輸入されたが、ED12形もそれに違わず主電動機の両側からハス葉歯車で一段減速する駆動装置を持つ特殊な構造となっていた。1948(昭和23)年11月ED12 1号が、翌1949(昭和24)年3月にED12 2号が相次いで廃車となり、その後西武鉄道でE51・E52号として返り咲いた。

●ED17形

ED17形は、東海道本線と横須賀線の電化に備えた初期輸入電気機関車のうち大多数を占めた、電気品がイングリッシュエレクトリック、機械部分はノースブリテッシュロコモティブ製のいわゆるデッカーと呼ばれる旅客用と貨物用のグループであった。戦前戦中に改造が行われ貨物用となって形式統合されたのがED17形であるが、戦災による廃車などもあり複雑な遍歴を持っている。1950(昭和25)年8月にED17形21号が横須賀線に姿を見せたが、これは八王子機関区から国府津機関区に転属してきた同機が貸し出されたもので、22号は翌年5月に八王子から直接久里浜支区に転属してきた。22号は輸入時の6000形→ED52形を経てED17形に編入されたもので、21号は6000形→ED52形→ED18形を経由してED17に編入されたものであった。しかし21号は1955(昭和30)年4月に甲

ED17形26号。上の写真とは反対の側面。　1959.9　久里浜機関支区　P：渡辺涅美

田浦駅に停車中のED23形1号。
1954.10.10　田浦　P：堀江光雄

府に、22号は八王子に翌月５月に転属となった。

これに代わり27号が八王子から貸出、28号は国府津から転属してきた。この2機は1030形→ED13形を経由してED17形に編入されたものであった。しかしこの２機も28号は1958(昭和33) 年10月に、27号は1959(昭和34) 年３月に仙山線の作並に転出していった。

この後釜として1959(昭和34) 年７月に久里浜にやってきたのが24号・26号で旅客用の6000形→ED51形から貨物機関車に改造されてED17形に編入されたものである。英国から横浜港到着時に関東大震災に見舞われ海中に転落、再度製作したという曰くがあり、抵抗器室が片方に寄っていることから車体側面が左右全く異なる形態で、妻の出入り口も助手席側に偏って配置されており、ED17形の中では唯一のデッキ付であった。

●ED23形

三菱電機がサンプル機関車として１両を1923(大正12) 年に輸入したもので、電気品は英国メトロポリタンビッカース製だが、車体および機械製品はスイスのロコモティブ製であったため、外見は妻が尖ったヨーロッパ機の風貌であった。鉄道省が東海道本線用として1928(昭和３) 年に買い入れED56形となったが、中央東線の電化により転属となった。1939(昭和14) 年に大宮工場で貨物用に改造されED23形となり、特徴的な運転室は平凡な平妻となって横須賀線に転入された。1960(昭和35) 年５月に廃車となった。

●ED16形

電気機関車の国産化が行われる前の大正末期から昭和初期にかけては、東海道・横須賀線の電化にあたって各国からサンプル輸入した少数多形式で賄われていたが、国産化の機運が高まり、各社において売込みが予想され、またも少数多形式で運転や保守の現場からの苦情を避けるため国鉄が主導して標準化した機関車の製造が求められた。この第１号として1928(昭和３) 年に登場したのがEF52形で、1931(昭和６) 年に引続いて製造されたのが中央線用のED16形であった。久里浜にはラストナンバーの18号機が戦中から配属されていたが1957(昭和32) 年４月に八王子機関区に転出した。

久里浜機関支区の DD11形とED17形。背後に日中久里浜駅に留置されている70系が見える。
1960.4.29　久里浜機関支区
P：友田雅之

田浦駅の構内入換や専用線で活躍するDD11形とDD12形。　1957.4.21　田浦　P：堀江光雄

(3) ディーゼル機関車

●8500形→DD12形

連合軍の第三鉄道輸送司令部は石油補給基地、火薬庫などにおける危険品取扱い貨車の入換に蒸気機関車を使用することへの不適当を指摘、米国政府所有の電気式ディーゼル機関車の使用を要求、1946(昭和21)年４月30日到着した13両分の機関車部品の調査を行った結果、この中から８両分を大宮工機部において組み立てることになり、完成後京浜地区における使用を開始された。

この機関車はキャタビラトラクター製の180psディーゼルエンジンを２基装備し、車体と電気品がゼネラルエレクトリック社製で、8500形として東横浜で進駐軍貨車の入換に使用された。その後品川とともに横須賀線の逗子駅や田浦専用線や横須賀駅の入換に使用にされた後、1956(昭和31)年６月米軍から払い下げを受け、５両がDD12形として国鉄に編入、久里浜支区には１・４号の２両が配属された。このうち４号は1962(昭和37)年に品川機関区に転出した。

●DD11形

1954(昭和29)年に３両、1957(昭和32)年に４両いずれも汽車会社で製造された我が国初の液体式ディーゼル機関車である。機関はキハ45000形(後のキハ17形)ディーゼル動車の160PSのDMH17Bエンジンとトルクコンバータ(液体変速機)を２基備えた320PSの入替用機関車であった。久里浜支区には１・２号の２両が配置となり、DD12形と同様に専用線やや構内入換用として活躍した。

木造車庫から顔を出す国鉄初の液体式ディーゼル機関車、DD11形。　1963.9.1　久里浜機関支区　P：石渡良夫

横須賀駅と米軍基地を結ぶ専用線を、B20形に代わってDD11形などのディーゼル機関車が横須賀本港をバックに走っていた。　1959.4.19　P：堀江光雄

久里浜の8620形休車群。手前から8644、8631、78696、58688。　1959.4.26　久里浜　P：堀江光雄

Column　久里浜駅構内の留置車

1959(昭和34)年４月当時、久里浜にはED10形の２号、ED23形１号、ED17形27号とDD11形１・２号、DD12形の１・４号、久里浜駅構内入替用としてC12形９・274号が常駐していた。３月にED10形１号は休車、ED17形28号は仙山線作並にED14形の廃車補充として転属していった。久里浜地区は駅の側線、貨物ヤード、機関支区が広がり、機関支区ではシーズンオフの暖房車などの疎開や廃車予定の第２休車が解体を待つ間の車両が見ることができた。横須賀駐泊所のB20形の２・５・６・８号も久里浜で休車状態になっており、C12形を含め蒸気機関車は姿を消している。

この時代は隣接した久里浜駅の側線には日中の横須賀線留置車両に加え、疎開中の展望車や１等車なども顔を見せるなど、横須賀線に縁もゆかりもない珍しい車両が並び、当時の久里浜詣は情報の少ないレイル・ファンにとって思いがけない車両に遭遇するワクワク感いっぱいのワンダーランドであった。

久里浜機関支区は1971(昭和46)年３月に廃止となった。

久里浜の廃車(休車)群。左より48642、58678、18648、58668、C11 35、C12 251、C11 339、C11 381、暖房車。
1966.4.20　久里浜　P：堀江光雄

構内に留置されている廃車体は子どもたちの格好の遊び場だった。
1953.4　久里浜　P：吉村光夫

C59形３号機。後半は東北本線で活躍、1961(昭和36)年11月尾久で休車となり久里浜にやって来た。1963(昭和38)年２月廃車となった。
1962.10.7　久里浜機関支区
P：福井紘一

マロ39 形１号。外国人観光客の輸送などのため供奉車より改造されたスイ38形(冷房化改造によりマイ38形に変更)が1960(昭和35)年の等級制改正で改番されたもの。
1961.4.16　久里浜
P：福井紘一

マロテ39 形11号。戦前製で桃山式と呼ばれる室内が特徴。1960(昭和35)年の等級制改正でマイテ39形よりマロテ39 形と改称された。青梅鉄道公園を経て現在は大宮の鉄道博物館にマイテ39形として保存展示されている。
1961.4.16　久里浜
P：福井紘一

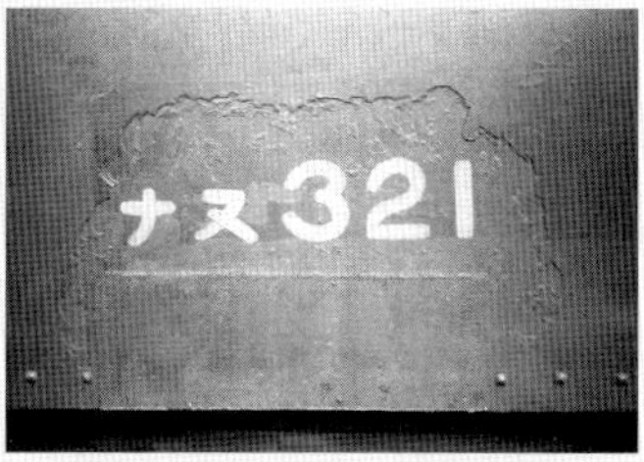

ナヌ32形1号の車体形式番号標記。
1963.9.1　久里浜機関支区
P：石渡良夫

暖房車ナヌ32形１号。
1963.9.1　久里浜機関支区
P：石渡良夫

ED27形11号。日立製作所製の元南武鉄道1000形で、ED34形を経てED27形に改番されたが休車となり、11号と12号が久里浜に留置となった。ED27 11はその後岳南鉄道でED27 1号として返り咲いた。
1963.9.1　久里浜機関支区
P：石渡良夫

上巻のおわりに

表題に70系時代と冠したが、その導入部として戦後の復興期から始めることとした。戦後の立役者63形を改良した73系、電車の長距離列車と長編成運転の端緒となった80系、通勤圏の広域化に対応する近郊型70系のいわゆる戦後復興の国電３系列が原動力となり国電再興をもたらすことになる。

上巻では新しい技術を盛り込んで登場した90系（101系）新性能電車の登場した昭和30年代前半の復興から成長期への転機に迎えるまでを区切りとした。敗戦を色濃く残していた昭和20年代から高度成長へとスタートした30年代の対比は、前途はまだ多難であったが新技術を盛り込んだ新型車両が開花し、戦時中は封印されていた車両設備の充実が解き放たれた時代の到来であった。横須賀線が登場する当時の映画で、1951（昭和26）年に封切られた小津安二郎監督の『麦秋』と1956（昭和31）年封切りの石原慎太郎の小説を映画化した『狂った果実』にも、僅か５年の隔たりで日本人の価値観が大きく変容していく様子が感じられる。

この後高度成長期を迎え、横須賀線も70系を含めた在来車両から新性能113系電車への置換えが始まり、15両編成運転の開始へと歩んで行くことになる。

佐藤良介

横須賀特有の谷戸（やと）の集落を行く、２両の２等車（サロ46形とサロ45形）を連結した横須賀線７両編成の上り列車。
1954.6.20　田浦—東逗子　P：堀江光雄